Caillou MD

Les courses

Texte : Nicole Nadeau
Illustrations : Pierre Brignaud • Coloration : Marcel Depratto

chouette

–Caillou ! Nous allons faire les courses, annonce maman.
La petite sœur Mousseline est déjà prête à partir.
Maman a mis son manteau.

Maman veut aider Caillou à s'habiller. Caillou dit :
—Je veux m'habiller tout seul.
Caillou enfile son manteau.
Maman l'aide juste un peu pour les boutons.

Maman assoit Mousseline dans sa poussette.

−Caillou, veux-tu pousser avec moi ? demande maman.

Caillou n'en a pas envie.

−Je veux marcher tout seul, répond Caillou.

Caillou marche devant. Il ramasse une très longue branche.

−Regarde, maman ! dit Caillou.

Maman admire la découverte de Caillou.

Caillou refuse de se séparer de sa branche avant d'entrer dans le magasin.

—On pourrait la cacher, propose maman.

Caillou dit :
– Je veux le faire tout seul.
Caillou cache sa branche sous un banc du parc.

Maman installe Mousseline dans un chariot. Mais Caillou est trop grand pour cela. Il aime mieux marcher dans les allées.

Caillou s'éloigne du chariot de maman. Il part faire les courses tout seul. Caillou s'arrête devant les oignons. Il essaie d'en prendre un. Tout dégringole.

Maman arrive, l'air inquiet.

–Caillou ! je te cherche partout, dit-elle.

Caillou baisse les yeux. Maman replace les oignons
sur l'étalage.

Puis maman assoit Caillou avec Mousseline dans le chariot. Maman est fâchée, Caillou aussi. Caillou n'a plus du tout envie de faire les courses. Caillou a juste envie de rentrer à la maison.

En sortant, Caillou s'installe dans la poussette
de Mousseline.
– Caillou, tu es assez grand pour marcher, dit maman.
Caillou proteste :
– Je suis trop fatigué.

—Caillou, te souviens-tu de ta branche? demande maman. Sans hésiter, Caillou s'élance vers le banc. La branche est toujours là.

—Ma branche! s'écrie Caillou.

Caillou n'est plus fatigué. Il a plutôt envie de promener sa petite sœur. Caillou donne sa branche à maman et s'empare des poignées de la poussette.
Caillou dit à maman :
—Je peux le faire tout seul.

Texte : Nicole Nadeau
Illustrations : Pierre Brignaud
Coloration : Marcel Depratto
Direction artistique : Monique Dupras

Nous reconnaissons l'aide financière du gouvernement du Canada
(Programme d'aide au développement de l'industrie de l'édition [PADIÉ])
et du gouvernement du Québec
(Programme de crédit d'impôt pour l'édition de livres [Gestion Sodec])
pour nos activités d'édition.

Catalogage avant publication de Bibliothèque et Archives nationales du Québec et Bibliothèque et Archives Canada

Nadeau, Nicole, 1956-
Caillou : les courses
Nouv. éd.
(Grande Ourse)
Publ. à l'origine dans la coll. : Collection Rose des vents. 2000.
Pour enfants de 3 ans et plus.
ISBN 978-2-89450-716-2

1. Magasinage - Ouvrages pour la jeunesse. I. Brignaud, Pierre. II. Titre.
III. Titre : Courses. IV. Collection : Grande ourse.

TX335.2.N32 2009   j640.73   C2009-940227-0

Dépôt légal : 2009

Imprimé en Malaisie
10 9 8 7 6 5 4 3 2 1